Sieglinde Mertlitz

ESSperimente *mini*

Kochshow am eigenen Herd

So nicht anders angegeben, sind alle Rezepte in diesem Kochbuch für ca. 4 Portionen.

Gedruckt auf LuxoSamtoffset
Schrift: Frutiger 45 Light, 9 Punkt
Titel: Caflisch Script, 32 Punkt

Alle Fotos stammen aus dem Archiv der Autorin.

Gesamtherstellung: Druckerei Theiss GmbH, A-9431 St. Stefan
Printed in Austria
ISBN 978-3-7084-0429-5

Sieglinde Mertlitz

ESSperimente

mini

Koch show am eigenen Herd

VERLAG johannes heyn

Zitronenmelissensaft

Zutaten

1 Bund Zitronenmelisse

1 Liter Wasser
1/2 Zitrone, unbehandelt

Honig/Zucker
nach Bedarf

ZUM ANRICHTEN:
Zitronenscheiben
Zitronenmelisse
Eiswürfel

1. Zitronenmelisse waschen.
2. Mit kaltem Wasser zustellen. Kurz vor dem Aufkochen vom Herd nehmen.
3. Ca. 10 Min. ziehen lassen, abseihen und auskühlen lassen. Nach Bedarf süßen und mit Zitronenscheiben und Eiswürfeln anrichten.

Kräutercocktail

Zutaten

1 Hand voll gemischter Kräuter (Kerbel, Minze, Wildkräuter …)
1 Apfel
½ Zitrone
¼ Liter Apfelsaft
¼ Liter Buttermilch
⅛ Liter Mineralwasser
2 – 3 EL Honig

ZUM DEKORIEREN:
Kräuter/essbare Blüten

1. Kräuter waschen und abtropfen lassen. Apfel waschen und in Spalten schneiden. Zitrone auspressen.
2. Kräuter mit Apfelspalten und Apfelsaft in einen Mixbecher geben und mit dem Mixstab pürieren.
3. Buttermilch, Mineralwasser und Zitronensaft dazugießen und mit Honig süßen. In Cocktail- oder Trinkgläsern anrichten, mit frischen Kräutern (essbaren Blüten) garnieren und gleich servieren.

Kartoffelsuppe mit Pilzen

Zutaten

1 Zwiebel
3 EL Öl
800 ml klare Gemüsesuppe
Salz
Pfeffer
Majoran

400 – 500 g Kartoffeln

100 – 150 g Pilze
(Eierschwammerln,
Champignons …)

150 g Crème fraîche
1 EL Speisestärke
6 EL kaltes Wasser

1/3 Bund Petersilie

ZUM GARNIEREN:
Petersilie/Majoran/Pilze

1. Zwiebel schälen und kleinwürfelig schneiden. Öl erhitzen und Zwiebel goldgelb anrösten.
2. Mit Suppe aufgießen und Gewürze dazugeben.
3. Kartoffeln waschen, schälen und würfelig schneiden.
4. Kartoffeln in die Suppe geben und ca. 10 Min. kochen lassen.
5. Pilze putzen, evtl. kurz waschen und klein schneiden bzw. hacken.
6. Pilze in die Suppe geben und weitere 5 – 10 Min. kochen lassen. Crème fraîche mit Speisestärke und Wasser gut versprudeln. Zur Suppe geben und 2 – 3 Min. leicht kochen lassen.
7. Petersilie waschen, hacken und kurz vor dem Anrichten in die Suppe geben. Suppe mit frischen Kräutern garnieren.

Feurige Kürbissuppe

Zutaten

500 g Kürbisfleisch

1 Zwiebel
1 – 2 Zehen Knoblauch
3 EL Öl
600 ml Wasser

1 Suppenwürfel, pflanzlich
2 EL Tomatenmark
Thymian
Oregano
Salz
Pfeffer
Chilipulver/Tabascosauce

300 g Tomaten

1/8 Liter Schlagobers

ZUM GARNIEREN:
etwas Schlagobers
Kürbiskerne
Kräuter

1. Kürbis waschen, halbieren, Kerne und faseriges Inneres entfernen.
2. Je nach verwendeter Sorte schälen und die entsprechende Menge Fruchtfleisch in Würfel schneiden.
3. Zwiebel und Knoblauch schälen, würfelig schneiden bzw. Knoblauch grob hacken und in heißem Öl goldgelb anrösten.
4. Kürbis dazugeben und kurz mitrösten. Mit Wasser aufgießen, Tomatenmark und die angegebenen Gewürze dazugeben. Etwa 10 Min. bei geringer Hitze kochen lassen.
5. Tomaten waschen, Stängelansatz entfernen und würfelig schneiden.
6. Tomatenstücke zum Kürbis geben und weitere 10 Min. kochen lassen.
7. Suppe mit dem Mixstab pürieren, Schlagobers hinzufügen und „feurig" abschmecken.

Anrichten und mit den angegebenen Zutaten garnieren.

Kümmel-Dinkelbrot

Zutaten

300 g Dinkelvollkornmehl
250 g Roggenmehl
1 Pkg. Trockengerm
1 TL Zucker

1 ½ TL Salz
2 EL Kümmel, ganz
1 EL Koriander, gemahlen
1 TL Fenchel
2 EL Öl

ca. 380 ml Wasser, warm

ZUM BESTREICHEN:
1 Eiklar
2 EL Wasser

ZUM BESTREUEN:
1 – 2 EL Kümmel, ganz

1. Beide Mehlsorten in eine Rührschüssel geben. Trockengerm und Zucker dazugeben. Alle anderen Gewürze und Öl ringsum verteilen. Lauwarmes Wasser dazuschütten und alles mit einem Holzkochlöffel gut vermengen.
2. Entweder mit der Hand oder mit der Küchenmaschine (Knethaken) zu einem Teig kneten. Auf eine bemehlte Arbeitsfläche geben und nochmals durchkneten, bis der Teig gleichmäßig glatt ist.
3. Teig in die Rührschüssel geben, mit Mehl bestreuen und mit einem Geschirrtuch abdecken. An einem warmen Ort bis zur doppelten Menge (ca. 30 Min.) aufgehen lassen. Backblech mit Backtrennpapier auslegen oder befetten und bemehlen. Backrohr auf 200 °C Heißluft vorheizen.
4. Gegangenen Teig nochmals gut durchkneten, bis er fast seine ursprüngliche Größe erreicht hat. Mit nassen Händen zu einem Wecken (oder Laib) formen und aufs Backblech legen.
5. Mit einem Messer einige Male einschneiden und zugedeckt ca. 20 Min. gehen lassen.
6. Eiklar mit Wasser verquirlen. Wecken damit bestreichen.
7. Wecken mit Kümmel bestreuen. Ca. 50 – 55 Min. backen.
   Auf einem Gitter auskühlen lassen.

Grünkernaufstrich

Zutaten

120 g Grünkern
300 ml klare Gemüsesuppe
1 Lorbeerblatt
¼ TL Majoran, getrocknet

1 – 2 Zehen Knoblauch
3 EL Öl

Salz
Pfeffer

Schwarzbrot/Gebäck

ZUM GARNIEREN:
Zwiebelringe
Paprikapulver
Kräuter der Saison

1. Grünkern mit der Getreidemühle schroten.
2. Suppe mit Lorbeerblatt und Majoran aufkochen. Grünkern unter Rühren dazugeben. Ca. 20 Min. auf kleinster Stufe (mit Deckel) dünsten lassen.
3. Grünkern in eine Rührschüssel umschütten und überkühlen lassen.
4. Knoblauch schälen, dazupressen und Öl unterrühren.
5. Masse mit dem Mixstab oder in der Moulinette pürieren und vollständig auskühlen lassen. Mit Salz und Pfeffer abschmecken.
6. Paprika-Zwiebelringe:
   Zwiebel ringelig schneiden und in Paprikapulver wälzen.

Anrichten und mit frischen Kräutern garnieren.
Schwarzbrot/Gebäck dazu servieren.

Löwenzahnsalat mit Kartoffeln

Zutaten

750 g Kartoffeln, vorwiegend festkochend

ca. 100 – 150 g Löwenzahnsalat (ersatzweise Rucola)

100 g Speck
2 Scheiben Schwarzbrot
1 EL Öl

MARINADE:
6 EL Öl
6 EL Balsamico-Essig
1 TL Senf
1 Knoblauchzehe, gepresst
Salz; Pfeffer

GARNITUR:
Schnittlauchröllchen
Frühlingskräuter
Gänseblümchen

und Speck

1. Kartoffeln gründlich waschen und ca. 30 Min. (je nach Größe) im Siebeinsatz dämpfen.

2. Löwenzahn putzen, waschen, gut abtropfen lassen (Salatschleuder) und in mundgerechte Stücke schneiden.

3. Speck zuerst in Streifen und dann in kleine Stücke schneiden.

4. Brot in ca. 1 cm große Würfel schneiden.

5. Öl in einer Pfanne erwärmen. Speck und Brotwürfel dazugeben und beides knusprig rösten.

   Alle Zutaten der Marinade miteinander vermischen und abschmecken.

6. Kartoffeln schälen, noch heiß in Scheiben schneiden und auf Tellern anrichten. Löwenzahn darauf verteilen und mit Marinade beträufeln.

   Mit Speck- und Brotwürfeln bestreuen und mit Kräutern garnieren.

> *Tipp*
>
> Geht auch mit Vogerlsalat.

Gefüllte Tomaten

Zutaten

FÜLLE:
600 g Kartoffeln, mehlig
1 Zwiebel, mittelgroß
200 ml Sauerrahm
Salz, Pfeffer
1 Bund frische Kräuter
(eine Sorte oder gemischt)

2 EL Öl für die Form

8 große Tomaten
100 g Käse, gerieben

SAUCE:
Fruchtfleisch der Tomaten
Kräutersalz
Oregano
1 Prise Zucker
1 Knoblauchzehe

ZUM BESTREUEN:
frische Kräuter der Saison

1. Kartoffeln gründlich waschen und mit der Schale ca. 30 Min. dämpfen (im Dampfdruckkochtopf ca. 10 Min.).
2. Kartoffeln noch heiß schälen und passieren.
3. Zwiebel schälen und kleinwürfelig schneiden. Kräuter waschen und hacken bzw. schneiden.
4. Alle Zutaten der Fülle zu den passierten Kartoffeln geben, zu einer glatten Masse verrühren und abschmecken.
5. Boden einer Auflaufform befetten. Backrohr auf 180 °C Heißluft vorheizen. Tomaten waschen und Kappe abschneiden. Mit einem Kaffeelöffel oder Kugelausstecher aushöhlen und in die Auflaufform setzen. Fruchtfleisch mit Kräutersalz, Oregano, Zucker und 1 Knoblauchzehe mixen und als kalte Sauce reichen.
6. Kartoffelmasse in die ausgehöhlten Tomaten füllen und ca. 25 Min. backen. Käse darüber streuen und weitere 5 Min. backen, bis der Käse geschmolzen ist. Anrichten, mit Tomatensauce und frischen Kräutern garnieren.

Zucchinipuffer mit Radieschensauce

Zutaten

400 g Kartoffeln
400 g Zucchini
1 kleine Zwiebel
2 Eier
250 g Magertopfen
100 g Haferflocken
2 – 3 EL Brösel
½ TL Salz
Pfeffer

ZUM BRATEN:
einige EL Öl

RADIESCHENSAUCE:
1 Bund Radieschen
⅛ Liter Jogurt
⅛ Liter Crème fraîche
Salz

ZUM GARNIEREN:
½ Bund Schnittlauch
Zucchinischeiben

1. Kartoffeln waschen, schälen, raspeln und in eine Rührschüssel geben.

2. Zucchini waschen, Enden abschneiden (ca. ein 4 cm langes Stück für die Garnitur zur Seite legen), raspeln und dazugeben.

3. Zwiebel schälen und fein hacken.
4. Zwiebelstücke, Eier, Topfen, Haferflocken und Brösel zum geraspelten Gemüse geben, würzen und alles gut vermengen. Ca. 10 Min. stehen lassen.

5. Radieschensauce: Radieschen waschen, putzen und raspeln. Mit den anderen Zutaten vermengen und abschmecken. Garnitur: Schnittlauch waschen und in feine Röllchen schneiden. Zucchinistück grob raspeln oder in feine Scheiben schneiden. Backrohr auf 70 °C Heißluft vorheizen.

6. Öl in einer Pfanne erhitzen. Teig mit einem Löffel portionsweise ins heiße Fett geben, flachdrücken und auf beiden Seiten ca. 2 – 3 Min. bei mäßiger Hitze goldbraun backen. Ins Backrohr stellen, bis alle fertig gebacken sind. Laibchen mit Sauce anrichten und mit Schnittlauch und Zucchini garnieren.

Frühlingszwiebelsuppe

Zutaten

1 Bund Frühlingszwiebeln
(ca. 300 g)
2 EL Öl

1 Liter klare Gemüsesuppe
2 große Kartoffeln
Salz
Pfeffer

EINLAGE:
2 große Scheiben Toastbrot
50 g Käse, gerieben
Paprikapulver

ZUM GARNIEREN:
½ Bund Schnittlauch
einige Zwiebelringe

1. Frühlingszwiebeln gründlich waschen und Wurzelansatz entfernen.
2. Frühlingszwiebeln ringelig schneiden (einige für die Garnitur zur Seite legen).
3. Öl in einem Kochtopf heiß werden lassen. Zwiebelringe anrösten und mit Gemüsesuppe aufgießen.
4. Kartoffeln waschen, schälen, würfelig schneiden und dazugeben.
5. Suppe ca. 10 Min. kochen lassen. Mit dem Mixstab pürieren und mit Salz und Pfeffer würzen. Backrohr auf 200 °C Heißluft vorheizen. Backblech mit Backtrennpapier auslegen.
6. Für die Einlage Toastbrot mit Käse bestreuen und mit Paprika würzen. Ca. 8 – 10 Min. überbacken, bis der Käse schmilzt. Toastbrot diagonal durchschneiden. Schnittlauch waschen und fein schneiden.

Suppe anrichten und mit Toastbrot belegen.
Mit Schnittlauch und Zwiebelringen bestreuen und gleich servieren.

Nudelteller Dreierlei

Zutaten

für 6 – 8 Personen

KARTOFFELFÜLLE:
300 g mehlige Kartoffeln
1 Tomate
2 EL Parmesan
1 Zehe Knoblauch
¼ Bund Petersilie
Salz, Pfeffer, Muskatnuss
(evtl. 1 EL Brösel)

TOPFENFÜLLE:
4 EL Knödelbrot
4 EL Milch
250 g Bröseltopfen
Salz, Nudelminze, Kerbel

SPINATFÜLLE:
1 EL Öl, ½ Zwiebel
250 g Blattspinat
1 Knoblauchzehe
Salz, Pfeffer, Muskatnuss
(evtl. 1 EL Brösel)

NUDELTEIG:
600 g Mehl
1 TL Salz; 2 Eier; 2 EL Öl
200 ml lauwarmes Wasser
150 g Butter, zerlassen
½ Bund Schnittlauch

1. Kartoffelfülle: Kartoffeln dämpfen, schälen und passieren. Tomate in kleine Würfel schneiden (Saft entfernen!). Petersilie hacken, Knoblauch pressen. Alle Zutaten vermengen.
2. Topfenfülle: Knödelbrot mit Milch anweichen und mit einer Gabel zerdrücken. Topfen dazugeben, vermengen und würzen.
3. Spinatfülle: Zwiebel hacken und in heißem Öl goldgelb rösten. Gewaschenen Spinat dazugeben, würzen und kurz dünsten.
4. Mehl in eine Rührschüssel geben und in der Mitte eine Grube machen. Salz, Eier, Öl und Wasser nach Bedarf dazugeben. Mit dem Mixer (Knethaken) zu einem glatten Teig verkneten und am Nudelbrett nachkneten.
5. Teig dritteln und portionsweise auswalken. Aus den Füllungen Bällchen formen und auflegen.
6. Fülle mit Teig überschlagen, rundherum fest andrücken, ausradeln/ausstechen. Rand nochmals zusammendrücken und eventuell „krendeln".
7. In einer kleinen Kasserolle die Butter langsam zerlassen. Schnittlauch waschen und schneiden. In einer großen Kasserolle Salzwasser zum Kochen bringen und die Nudeln darin ca. 10 Minuten leicht kochen lassen (ohne Deckel!). Nudeln anrichten, mit heißer Butter übergießen und mit Schnittlauchröllchen bestreuen.

Spinattorte

Zutaten

TEIG:
150 g Vollkornmehl
Salz
1/8 Liter Sauerrahm
80 g Butter, weich
1 – 2 EL Wasser

BELAG:
500 g Blattspinat
(oder 400 g Tiefkühlspinat)
1 EL Butter

1 Zwiebel
1 EL Öl
1 EL Mehl
gut 1/8 Liter Milch

100 g Schinken, mager
100 g Käse, gerieben
3 EL Brösel
1 Ei
Salz, Pfeffer Muskatnuss
(1 – 2 Zehen Knoblauch)

Tortenform (24 cm)

ZUM BEFETTEN:
1 EL Öl für die Form

1. Mehl in eine Rührschüssel geben. Alle anderen Zutaten des Teiges dazugeben und mit den Knethaken des Mixers zu einem Teig verkneten.
2. Teig zu einer Kugel formen, abdecken und ca. ½ Stunde im Kühlschrank rasten lassen.
3. Spinat gründlich waschen. Eventuell grobe Stängel entfernen. Butter in einem Topf zerlassen und den tropfnassen Spinat hinein geben. Zugedeckt 1 – 2 Min. dünsten lassen, bis der Spinat zusammenfällt. Bodenfläche der Tortenform leicht befetten. Backrohr auf 170 °C Heißluft vorheizen.
4. Zwiebel schälen, kleinwürfelig schneiden und in heißem Öl glasig werden lassen. Mehl darüber streuen, kurz mitrösten, mit Milch aufgießen und aufkochen lassen. Masse in eine Rührschüssel umschütten und überkühlen lassen.
5. Schinken fein schneiden, mit Käse, Brösel, Ei und Spinat unter die Milchmasse heben. Mit Salz, Pfeffer und Muskatnuss (Knoblauch, gepresst) würzen.
6. Teig auf einer bemehlten Arbeitsfläche rund ausrollen.
7. Teig in die Tortenform legen, Ränder etwas hochziehen. Spinatmasse darauf verteilen und ca. 40 – 45 Min. backen.
Portionieren und anrichten.

Überbackenes Sommergemüse

Zutaten

300 g Kartoffeln
1 Zucchini, mittelgroß
1 grüne Paprika
1 rote Paprika
1 gelbe Paprika
1 Zwiebel
300 g Tomaten

2 EL Öl für die Form

2 Knoblauchzehen
4 EL ÖL
1 TL Rosmarin
1 TL Thymian

Salz

150 g Schaf- oder Ziegenkäse

ZUM GARNIEREN:
Schnittlauch/Petersilie

1. Kartoffeln gründlich mit der Kartoffelbürste waschen und in ganz dünne Scheiben schneiden.

2. Zucchini waschen, Stängelansatz entfernen und in ca. 1 cm dicke Scheiben schneiden.

3. Grüne, rote und gelbe Paprika waschen, halbieren, Kerne entfernen und in 1 cm dicke Streifen schneiden.

4. Zwiebel schälen und ringelig schneiden. Tomaten waschen, Stängelansatz entfernen und in dicke Scheiben schneiden.

5. Alle Gemüsesorten in eine große Schüssel geben. Mit Salz, Rosmarin und Thymian würzen, Knoblauch hineinpressen und alles vorsichtig vermengen.

6. Bodenfläche einer Auflaufform befetten und Backrohr auf 180 °C Heißluft vorheizen. Gemüse in die Auflaufform geben und mit Öl beträufeln. Ca. 30 Min. backen (nach 15 Min. das Gemüse wenden!).

7. Käse in kleine Würfel schneiden, über das Gemüse verteilen und nochmals 10 Min. backen. Anrichten und mit frisch gehackten Kräutern garnieren.

Petersilienpolenta

Zutaten

½ Liter Wasser
½ TL Salz

150 g Polenta (Maisgrieß)
2 EL Butter
¼ Bund Petersilie

1. Wasser mit Salz zum Kochen bringen.
2. Maisgrieß unter Rühren einkochen.
3. Einige Minuten rühren bzw. kochen lassen, bis ein dicker Brei entsteht, der sich vom Topfboden löst. (Während des Rührens mit einem Geschirrtuch abdecken, damit die Masse nicht spritzt!) Ca. 10 Min. auf ausgeschalteter Platte ausdünsten lassen.
4. Petersilie waschen, gut abtropfen lassen und hacken.
5. Butter und Petersilie untermischen.
6. In ausgeschwemmte Formen (Schöpfer, Tassen) pressen und sofort stürzen.

Knödel mit Pilzsauce

Zutaten

300 g Knödelbrot
knapp ¹/₄ Liter Milch
¹/₄ TL Salz

100 g Schinken
2 – 3 Eier; 4 EL Mehl
¹/₂ Bund Petersilie

PILZSAUCE:
250 g Champignons, frisch
1 Zwiebel
3 EL Öl; 3 EL Mehl, glatt
knapp ¹/₂ Liter Wasser
Salz; Pfeffer
1 Suppenwürfel, pflanzlich
150 g Crème fraîche
¹/₂ Bund Petersilie

ZUM BESTREUEN:
Petersilie/Schnittlauch

1. Knödelbrot in eine große Schüssel geben und salzen. Milch darüber gießen und alles gut vermengen. Etwas anziehen lassen.
2. Schinken in kleine Würfel schneiden. Mit Eiern, Mehl und gehackter Petersilie zum Knödelbrot geben. Alles gut durchmischen und etwa 10 Min. rasten lassen.
3. Für die Pilzsauce Champignons in einem Sieb waschen, abtropfen lassen und blättrig schneiden. Zwiebel schälen, halbieren und würfelig schneiden.
4. Öl in einer Bratpfanne erhitzen und Zwiebelstücke darin anrösten. Champignons dazugeben und kurz mitrösten. Mit Mehl stauben und mit Wasser aufgießen.
5. Unter Rühren aufkochen, würzen und 2 – 3 Min. leicht kochen lassen. Vor dem Anrichten Crème fraîche sowie gehackte Petersilie untermischen.
6. Salzwasser in einem großen Topf zum Kochen bringen. Mit nassen Händen 8 gleichmäßig große Knödel formen.
7. Knödel ca. 10 – 12 Min. bei geringer Hitze schwach kochen lassen. Mit einem Siebschöpfer herausheben und abtropfen. Mit Sauce und frisch gehackten Kräutern anrichten.

Fischfilet in Folie

Zutaten

¼ Bund Petersilie
1 Zwiebel
1 Zitrone, unbehandelt

4 Fischfilets à 150 g
(z. B. Zander)
Salz; Pfeffer
Paprikapulver; Thymian
4 EL Öl zum Beträufeln

Alufolie

ZUM BESTREICHEN:
etwas Öl für die Folie

ZUM GARNIEREN:
Petersilie

1. Petersilie waschen, abtropfen lassen und grob hacken.
2. Zitrone heiß waschen und in dünne Scheiben schneiden. Zwiebel schälen und ringelig schneiden. Backrohr auf 200 °C Heißluft vorheizen.
3. Filets kalt abbrausen und mit Küchenrolle trocknen.
4. Alufolie in der Größe von ca. 30 x 30 cm zuschneiden und im Mittelteil leicht mit Öl bestreichen. Zitronen-, Zwiebelscheiben und Petersilie in die Mitte geben. Filets darüber legen.
5. Filets mit Salz, Pfeffer, Paprikapulver und Thymian würzen und mit etwas Öl beträufeln.
6. Alufolie über den Filets falten und die Seiten fest zusammendrücken.
   Ca. 30 Min. braten. Entweder anrichten oder in leicht geöffneter Folie servieren und mit frisch gehackter Petersilie bestreuen.

Fisch-Broccoli-Auflauf

Zutaten

300 ml Reis, parboiled
300 ml Tomatensaft
400 ml Wasser
Salz

400 g Fischfilets (frisch)
Saft einer $^{1}/_{2}$ Zitrone
Salz; Pfeffer

400 g Broccoli

SAUCE:
150 g Crème fraîche
$^{1}/_{8}$ Liter Schlagobers
$^{1}/_{4}$ Bund Petersilie
Salz; Pfeffer
Paprikapulver

100 g Käse, gerieben

ZUM BESTREUEN:
Kräuter der Saison

1. Reis mit Tomatensaft, Wasser und Salz aufkochen. Platte auf kleinste Stufe schalten und noch ca. 20 Min. (mit Deckel) dünsten lassen. Ab und zu umrühren!
2. Fischfilets mit Zitronensaft beträufeln und leicht salzen.

3. Broccoli waschen und in Röschen teilen. Auflaufform befetten. Backrohr auf 200 °C Heißluft vorheizen.
4. Hälfte von der Reismasse einfüllen. Broccoli und Fisch einschichten.

5. Sauce:
   Petersilie waschen und hacken. Crème fraîche, Schlagobers und Petersilie vermischen. Mit Salz, Pfeffer und Paprikapulver würzen und gleichmäßig über dem Fisch verteilen.

6. Restlichen Reis einschichten. Auflaufform abdecken und ca. 40 Min. backen. Käse darüber streuen und nochmals 5 Min. ohne Deckel backen, bis der Käse geschmolzen ist. Vor dem Servieren mit frischen Kräutern garnieren.

Rosmarinhendl

Zutaten

1 Brathuhn
oder 4 Hühnerkeulen

1 TL Salz
1 TL Paprikapulver
2 Zweige Rosmarin
(ersatzweise getrockneten Rosmarin)

gut 1/8 Liter Wasser oder Gemüsesuppe

2 EL Öl für die Form

ZUM GARNIEREN:
Rosmarin

1. Boden einer Auflauf- oder Bratform befetten. Backrohr auf 220 °C Heißluft vorheizen.

2. Brathuhn mit einem scharfen Messer portionieren.

3. Hendlteile waschen und mit Küchenpapier trocknen (Hygieneregeln unbedingt beachten!).

4. Rosmarinzweige waschen und abtropfen lassen. Von einem Zweig die Rosmarinnadeln abrebeln und grob hacken.

5. Salz, Paprikapulver und Rosmarin gut vermischen und die Hendlteile damit würzen.

6. Hendlteile in die Auflaufform legen. Wasser oder Gemüsesuppe dazu schütten und mit Rosmarinzweig belegen. Ca. 40–45 Min. braten. Ab und zu wenden und mit Saft übergießen. Anrichten und mit Rosmarin garnieren.

Puten-Chili

Zutaten

500 g Putenfleisch
1 große Zwiebel
4 EL Öl

500 g Tomatenstücke
2 – 3 EL Tomatenmark
1/8 Liter Wasser
1/2 Suppenwürfel
1/2 TL Oregano

Salz, Pfeffer, Chilipulver

1 rote Paprika
250 g rote Bohnen
150 g Maiskörner

1 EL Mehl/Stärke
1/8 Liter kaltes Wasser

ZUM GARNIEREN:
Petersilie/Oregano

1. Putenfleisch würfelig schneiden. (Einhaltung der Hygieneregeln!)
2. Zwiebel kleinwürfelig schneiden. Öl in einer großen Bratpfanne erhitzen und Zwiebel goldgelb anrösten.
3. Putenfleisch dazugeben und von allen Seiten rasch anbraten.
4. Tomatenstücke, Tomatenmark und Wasser hinzufügen. Würzen und ca. 15 Min. bei geringer Hitze dünsten lassen.
5. Paprika würfelig schneiden. Bohnen und Maiskörner abseihen und abtropfen lassen.
6. Alle drei Zutaten zum Fleisch geben und einige Minuten mitdünsten lassen.
7. Mehl mit Wasser gut versprudeln. Unter Rühren einkochen und 1 – 2 Min. kochen lassen. Abschmecken, anrichten und mit frischen Kräutern garnieren.

Rindfleischeintopf

Zutaten

500 g Rindfleisch
zum Dünsten

2 Zwiebeln
800 g Gemüse (Karotten, Sellerie, Kohlrabi, Lauch …)

2 große Kartoffeln

450 ml klare Gemüsesuppe
1 – 2 TL Salz
½ TL Kümmel, ganz
1 TL Majoran, getrocknet

ZUM BESTREUEN:
½ Bund Petersilie

1. Rindfleisch in Würfel von 2 x 2 cm schneiden.

2. Hälfte der Fleischstücke in einen großen Topf (mit Deckel) legen.

3. Zwiebeln schälen, halbieren und in breite Streifen schneiden.

4. Gemüse je nach Sorte waschen, bei Bedarf schälen und ebenfalls in Stücke schneiden.

5. Hälfte vom Gemüse auf das Fleisch schichten. Zweite Hälfte des Fleisches darauf legen. Restliches Gemüse einschichten.

6. Zum Abschluss Kartoffeln schälen, in Würfel schneiden und über das Gemüse legen.

7. Gemüsebrühe mit den angegebenen Gewürzen vermischen und in den Topf schütten. Deckel schließen und ca. 50 Min. bei mäßiger Hitze dünsten. Nicht umrühren! Petersilie waschen, hacken und vor dem Servieren über den Eintopf streuen.

Gefüllte Paprika

Zutaten

4 grüne Paprika, groß
(Herbstpaprika)

400 g Faschiertes
1 Zwiebel, mittelgroß
1 Tomate, mittelgroß
1/4 Bund Petersilie
1 Ei
4 EL Maiskörner
4 EL Brösel

Salz; Pfeffer
Majoran; Thymian
1 Knoblauchzehe

SAUCE:
1/8 Liter klare Gemüsesuppe
1/8 Liter Schlagobers
2 EL Tomatenmark
1 EL Mehl, glatt

ZUM GARNIEREN:
Maiskörner; Petersilie

1. Paprika waschen, Stielansätze entfernen und Deckel abschneiden. Deckel bis zum Anrichten zur Seite legen. Kerne entfernen und Innenwände herausschneiden.

2. Faschiertes in eine Schüssel geben. Zwiebel und Tomate kleinwürfelig schneiden, Petersilie hacken und dazugeben.

3. Ei, Maiskörner, Brösel und Gewürze hinzufügen. Knoblauch hineinpressen und alles gut vermischen.

4. Boden einer runden Auflaufform befetten. Backrohr auf 200 °C Heißluft vorheizen. Paprika mit der Fleischmischung füllen.

5. Mit der offenen Seite nach oben in die Form stellen.

6. Alle Zutaten der Sauce (Gemüsesuppe, Schlagobers, Tomatenmark und Mehl) gut verquirlen und in die Auflaufform gießen. Deckel der Auflaufform aufsetzen (oder mit Alufolie gut abdecken) und ca. 50 – 60 Min. braten. Anrichten, Paprikadeckel wieder aufsetzen und mit Petersilie und Maiskörnern garnieren.

Kalbsragout

Zutaten

500 g Kalbfleisch
1 Zwiebel
2 EL Öl
knapp 1/2 Liter Gemüsesuppe
1 Lorbeerblatt
Salz, Pfeffer
1 TL Curry

200 g Champignons
150 g Erbsen

1 – 2 EL Stärkemehl
(Maizena)
125 g Crème fraîche
4 EL kaltes Wasser

ZUM BESTREUEN:
1/2 Bund Petersilie

1. Kalbfleisch in ca. 1 cm dicke Würfel schneiden. Zwiebel schälen und kleinwürfelig schneiden.
2. Öl in einer Bratpfanne erhitzen und das Fleisch von allen Seiten kurz anbraten (sollte nicht braun werden!).
3. Zwiebelstücke dazugeben und kurz mitrösten.
4. Mit Gemüsesuppe aufgießen, Gewürze hinzufügen und auf kleiner Stufe ca. 20 Min. (mit Deckel) dünsten.
5. Champignons putzen, kurz waschen, gut abtropfen lassen und evtl. halbieren.
6. Champignons und Erbsen dazu geben und weitere 5 Min. dünsten lassen. Lorbeerblatt entfernen.
7. Stärkemehl, Crème fraîche und kaltes Wasser gut vermischen und dazuschütten. Unter ständigem Rühren aufkochen lassen. Ragout abschmecken, bei Bedarf nachwürzen und vor dem Servieren mit gehackter Petersilie bestreuen.

Heidelbeerschmarren

Zutaten

300 bis 400 g Heidelbeeren
Saft einer ½ Zitrone
1 Msp. Zimt, gemahlen

4 Eier, 1 Prise Salz

3 EL Kristallzucker
1 Pkg. Vanillezucker

400 g Magertopfen
2 EL Maizena (Stärke)

1 – 2 EL Butter für die Form

ZUM GARNIEREN:
Staubzucker
Heidelbeeren
Zitronenmelisse

1. Heidelbeeren gründlich waschen und gut abtropfen lassen.
2. Auflaufform befetten. Backrohr auf 170 °C Heißluft vorheizen.
3. Eier in zwei Rührschüsseln trennen. Eiklar mit einer Prise Salz zu steifem Schnee schlagen.
4. Dotter mit Kristall- und Vanillezucker sehr schaumig rühren.
5. Topfen und Maizena hinzufügen und den steifen Schnee vorsichtig mit einem Kochlöffel unterheben.
6. Masse in die Form füllen und Heidelbeeren darüber verteilen. Ca. 20 – 25 Min. goldgelb backen. Danach in Stücke reißen. Anrichten und mit den angegebenen Zutaten garnieren.

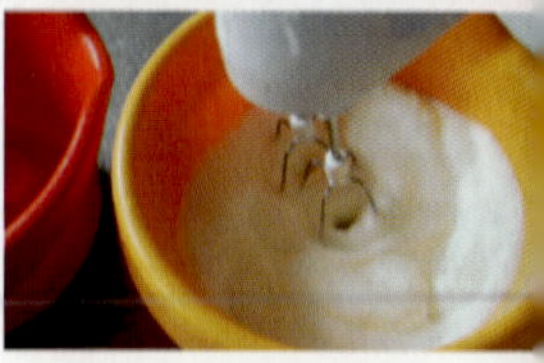

Fliegende Himbeermuffins

Zutaten

für 12 Stück

125 g Butter
150 g Staubzucker
1 Pkg. Vanillezucker
2 Eier
250 g Weizenmehl
2 TL Backpulver
$^1/_8$ Liter Milch

100 g Himbeermarmelade
$^1/_8$ Liter Schlagobers
100 g Himbeeren, frisch

ZUM GARNIEREN:
Zitronenmelisse
evtl. Brombeeren

1. Muffinblech mit Papierförmchen auslegen. Backrohr auf 180 °C Heißluft vorheizen.
2. Butter mit Staub- und Vanillezucker cremig rühren. Eier nach und nach dazugeben und gut verrühren.
3. Mehl mit Backpulver vermischen und abwechselnd mit der Milch unter die Buttermasse rühren.
4. Masse einfüllen und ca. 15 – 20 Min. backen (Nadelprobe machen!).
5. Aus der Form heben und auf einem Kuchengitter auskühlen lassen.
6. 1 – 2 cm dicke Deckel abschneiden und diese halbieren (= Flügel). Oberfläche der Muffins mit Marmelade bestreichen. Schlagobers schlagen, in einen Dressiersack füllen und einen Mittelstreifen aufspritzen. Flügel aufsetzen.

Muffins mit den angegebenen Zutaten garnieren.

Holunderbeerencreme

Zutaten

2 Äpfel
4 EL Wasser
1 EL Zitronensaft
1 – 2 EL Zucker

500 g Holunderbeeren
1/4 Liter Wasser
1 EL Zitronensaft

2 – 3 EL Kristallzucker
1 Pkg. Vanillezucker

40 g Stärke (Maizena)
$^1/_4$ Liter kalte Milch

ZUM GARNIEREN:
$^1/_8$ Liter Schlagobers
und/oder Apfelspalten

1. Äpfel waschen und in Spalten teilen. Mit Wasser, Zitronensaft und Zucker ca. 5 Min. dünsten. Apfelspalten auskühlen lassen.
2. Holunderbeeren in einem Sieb waschen, gut abtropfen lassen und abrebeln.
3. Mit Wasser und Zitronensaft ca. 10 Min. leicht kochen lassen. Mit dem Mixstab pürieren.
4. Durch ein feinmaschiges Sieb drücken (ca. ½ Liter Saft, bei Bedarf mit Wasser auffüllen). Holundersaft mit Zucker und Vanillezucker zum Kochen bringen.
5. Stärke in kalter Milch anrühren, dazuschütten und unter ständigem Rühren 2 – 3 Minuten kochen lassen.
6. Apfelspalten in Glasschüsseln verteilen.
7. Holundercreme darauf verteilen und kalt stellen. Erkaltete Creme mit den angegebenen Zutaten garnieren.

Marillenauflauf

Zutaten

500 g Marillen
1 – 2 EL Butter für die Form

80 g Butter, weich
100 g Staubzucker
4 Eier
1 Prise Salz

60 g Nüsse, gerieben
60 g Brösel
1 Msp. Backpulver

ZUM BESTREUEN:
etwas Staubzucker

ZUM GARNIEREN:
Marillenspalten

1. Marillen waschen, gut abtropfen lassen, halbieren und entsteinen.
2. Bodenfläche einer Auflaufform mit Butter bestreichen. Marillenhälften (mit der Innenseite nach oben) einschichten. Backrohr auf 180 °C Heißluft vorheizen.
3. Butter flaumig rühren. Staubzucker und Dotter nach und nach dazugeben und schaumig rühren. Eiklar in eine Rührschüssel geben.
4. Eiklar mit einer Prise Salz zu steifem Schnee schlagen.
5. Nüsse, Brösel und Backpulver gut vermischen und mit dem Schnee unter die Dottermasse rühren.
6. Masse über den Marillenhälften gleichmäßig verteilen und ohne Abdeckung ca. 30 Min. backen. Portionieren, mit etwas Staubzucker bestreuen und mit Marillenspalten garnieren.

Tipp

Geht auch als süße Hauptspeise.

Früchtepudding

Zutaten

1 Pkg. Vanillepuddingpulver
$^1/_2$ Liter Milch
2 – 3 EL Kristallzucker
1 Pkg. Vanillezucker

300 bis 400 g Früchte der Saison (Marillen, Kirschen, Erdbeeren …)

$^1/_4$ Liter Schlagobers

ZUM GARNIEREN:
Schlagobers
(von den Grundzutaten)
Früchte

1. Puddingpulver mit 3 EL kalter Milch, Vanille- und Kristallzucker glatt rühren.

2. Restliche Milch zum Kochen bringen, angerührtes Puddingpulver einrühren und nochmals aufkochen lassen (Anleitung des Puddingpulverherstellers beachten!).

3. Heißen Pudding in ein kaltes Gefäß schütten, immer wieder umrühren und auskühlen lassen.
4. Früchte waschen, gut abtropfen lassen, zerkleinern und unter die Puddingmasse mischen.

5. Schlagobers schlagen. Ca. $^1/_4$ der Menge in einen Dressiersack füllen.
6. Restliches Schlagobers vorsichtig unter den kalten Pudding heben und in Glasschalen anrichten. Creme mit Schlagobers und den angegebenen Zutaten garnieren und bis zum Servieren kalt stellen.

Dinkelpalatschinken mit Zwetschkenfüll

Zutaten

ZWETSCHKENFÜLLE:
600 g Zwetschken
4 EL Wasser
2 EL Zucker
1 Msp. Zimt, gemahlen
1 TL Maizena (Maisstärke)
4 EL kaltes Wasser

DINKELPALATSCHINKEN:
100 g Dinkelmehl
1/4 Liter Milch
1 EL Honig, 1 Prise Salz
2 Eier, Öl zum Backen

ZUM GARNIEREN:
Zwetschken
Zitronenmelisse
Staubzucker
Nüsse, geröstet

1. Zwetschken waschen, halbieren und entsteinen.
2. Zwetschken mit Wasser, Zucker und Zimt aufkochen. Zugedeckt bei geringer Hitze ca. 10 Min. leicht kochen lassen.
3. Maizena und kaltes Wasser gut vermischen. Unter Rühren dazuschütten und 1 – 2 Min. kochen lassen.
4. Dinkelpalatschinken:
   Dinkelmehl, Milch, Honig und Salz mit dem Schneebesen glatt rühren.
5. Eier dazugeben, zu einem glatten Teig verrühren und ca. 10 Min. quellen lassen.
6. In einer beschichteten Pfanne etwas Öl erhitzen und die Palatschinken beidseitig goldgelb backen. Dinkelpalatschinken mit Zwetschkenmasse füllen und anrichten. Mit den angegebenen Zutaten garnieren.

Zwetschkenknödel

Zutaten

500 g mehlige Kartoffeln

Salz
1 – 2 EL Butter
100 g Mehl (Vollkornmehl)
80 g Weizengrieß
1 Ei

ZUM FÜLLEN:
8 Zwetschken

ZUM WÄLZEN:
80 g Butter
80 g Brösel
½ TL Zimt, gemahlen
1 TL Staubzucker

ZUM BESTREUEN:
Staubzucker

1. Kartoffeln gründlich waschen und im Schnellkochtopf ca. 10 Min. oder im Siebeinsatz ca. 30 Min. dämpfen.

2. Zwetschken waschen und gut abtropfen lassen.

3. Kartoffeln noch heiß schälen und in eine Rührschüssel pressen. Salz, Butter, Mehl und Grieß dazugeben. In der Mitte eine Grube machen und das Ei zufügen. Alle Zutaten mit dem Kochlöffel rasch zu einem Teig verarbeiten.

4. Wasser in einem großen Kochtopf zum Kochen bringen und leicht salzen. Teig zu einer Rolle formen, in 8 Stücke teilen und als Scheiben abschneiden. Scheiben mit Zwetschken belegen und zu Knödeln formen.

5. Knödel ca. 10 Min. leicht kochen lassen. Mit einem Siebschöpfer herausnehmen und im Butter-Brösel-Gemisch wälzen. Anrichten und mit Staubzucker bestreuen.

6. Zum Wälzen:
   Butter zergehen lassen, Brösel darin anrösten, Zimt und Staubzucker untermischen.

Tipp

Geht auch als süße Hauptspeise.

Nusskipferln

Zutaten

100 g Butter, weich
250 g Weizenvollkornmehl
½ Würfel Germ
2 EL Kristallzucker
1 Prise Salz
1 Dotter
ca. 70 ml Milch, lauwarm

FÜLLE:
2 EL Zucker
100 ml Milch
1 Msp. Zimtpulver
½ Pkg. Vanillezucker
250 g Nüsse, gerieben

ZUM BESTREICHEN:
1 Dotter
2 EL Milch

1. Weiche Butter mit dem Mixer flaumig rühren.
2. Alle anderen Zutaten der Reihe nach dazugeben (Frischgerm ganz fein hineinbröckeln) und mit dem Mixer (Knethaken) zu einem glatten Teig verkneten.
3. Mit dem Mixer (Knethaken) zu einem glatten Teig verkneten. Mit Mehl bestreuen und zugedeckt an einem warmen Ort ca. 25 Min. gehen lassen.
4. In der Zwischenzeit für die Fülle Zucker und Milch erhitzen. Zimtpulver, Vanillezucker und Nüsse einrühren. Masse auskühlen lassen.
5. Backblech mit Backtrennpapier auslegen. Teig auf einer bemehlten Arbeitsfläche auswalken und in Quadrate von 10 x 10 cm schneiden. Je zwei Esslöffel Fülle zu einer länglichen Rolle formen und in die Mitte des Teiges legen. Quadrate von einer Spitze her einrollen und die Enden leicht nach unten biegen. Nochmals ca. 20 Min. gehen lassen. Backrohr auf 180 °C Heißluft vorheizen.
6. Kipferln mit Dotter-Milch-Gemisch (Dotter und Milch versprudeln) bestreichen und ca. 15 Min. backen. Auf einem Kuchengitter auskühlen lassen.

Mohntorte

Zutaten

6 Eier, 1 Prise Salz
160 g weiche Butter
150 g Staubzucker
1 Pkg. Vanillezucker
(1 TL Rum)

200 g Mohn, gerieben
80 g Weizenvollkornmehl
2 EL Kakaopulver
2 Msp. Backpulver

Tortenform (24 cm)

ZUM FÜLLEN:
150 g Ribiselgelee

ZUM GLASIEREN:
1 Becher Schokoladeglasur

ZUM GARNIEREN:
1/8 – 1/4 Liter Schlagobers

1. Tortenform mit Backtrennpapier auslegen oder befetten und bemehlen. Backrohr auf 180 °C Heißluft vorheizen. Eier in zwei Rührschüsseln trennen. Eiklar mit einer Prise Salz zu steifem Schnee schlagen.
2. Dotter mit weicher Butter, Staub- und Vanillezucker (Rum) schaumig rühren.
3. Mohn, Mehl, Kakao und Backpulver gut vermischen.
4. Mohn-Mehl-Gemisch abwechselnd mit dem steifen Schnee unter die Dottermasse heben.
5. Masse in die Tortenform füllen und ca. 50 Min. backen (Nadelprobe machen!).
6. Nach dem Erkalten durchschneiden, mit Ribiselgelee bestreichen und wieder zusammensetzen.
7. Schokoladeglasur langsam im Wasserbad schmelzen. Torte damit überziehen und kalt stellen.

Vor dem Servieren mit Schlagobers garnieren.

Kärntner Reindling

Zutaten

500 g Mehl
1 Msp. Salz
1 Würfel Germ

50 g Butter
knapp 1/4 l Milch
3 EL Kristallzucker
1 Pkg. Vanillezucker
2 Eier

FÜLLE:
50 g Butter
100 g Kristallzucker
1 TL Zimt
100 g Rosinen
eventuell
100 g gehackte Nüsse

FÜR DIE FORM UND
ZUM BESTEICHEN:
50 g Butter

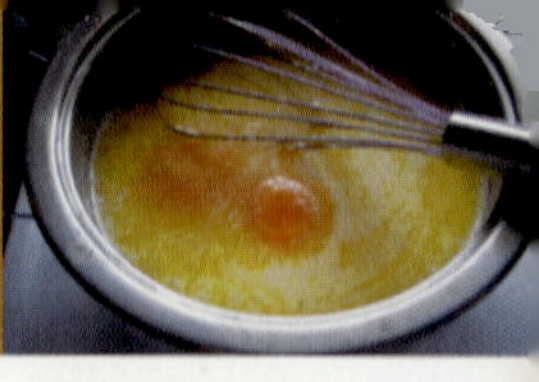

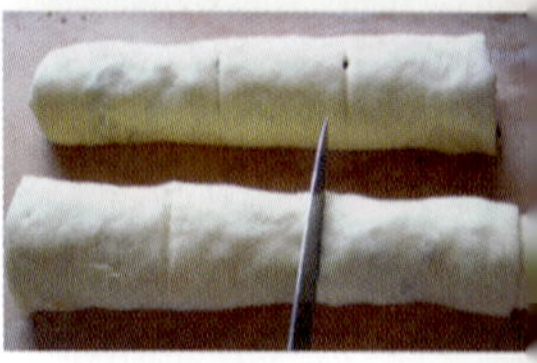

1. Mehl und Salz in eine Rührschüssel geben und Germ hineinbröckeln. Butter in einer kleinen Kasserolle erwärmen und von der Herdplatte nehmen. Milch, Kristall- und Vanillezucker sowie Eier dazugeben. Alles gut mit einer Schneerute vermischen und die lauwarme Flüssigkeit zum Mehl gießen.
2. Mit einem Holzkochlöffel vermengen und den Germteig gut abschlagen, bis er seidig glatt ist und sich vom Gefäßrand löst.
3. Teig bemehlen und an einem warmen Ort (Herdnähe, Wasserbad) zugedeckt ca. 20 Min. gehen lassen (bis er sich verdoppelt hat). In der Zwischenzeit sechs kleine Gugelhupfformen (ersatzweise feuerfeste Suppentassen/Keramikformen) befetten sowie Rosinen waschen und gut abtropfen lassen.
4. Aufgegangenen Teig auf dem Nudelbrett rechteckig ausrollen, mit zerlassener Butter bestreichen und mit den angegebenen Zutaten der Fülle bestreuen.
5. Teig eng einrollen, in sechs Teile schneiden.
6. Schneckenförmig in die Form legen und nochmals ca. 10 Min. gehen lassen. Backrohr auf 170 °C Heißluft vorheizen. Reindlinge mit zerlassener Butter bestreichen und ca. 20 bis 25 Min. backen. Auf einem Kuchengitter auskühlen lassen.

Meine Rezepte

Zutaten

Meine Rezepte

Zutaten

Meine Rezepte

Zutaten

Meine Rezepte

Zutaten

Meine Rezepte

Zutaten

Meine Rezepte

Zutaten

Inhaltsverzeichnis

Vorspeisen

6/7 Zitronenmelisssensaft

8/9 Kräutercocktail

10/11 Kartoffelsuppe mit Pilzen

12/13 Feurige Kürbissuppe

14/15 Kümmel-Dinkelbrot

16/17 Grünkernaufstrich

18/19 Löwenzahnsalat mit Kartoffeln und Speck

20/21 Gefüllte Tomaten

22/23 Zucchinipuffer mit Radieschensauce

24/25 Frühlingszwiebelsuppe

Hauptspeisen

26/27 Nudelteller Dreierlei

28/29 Spinattorte

30/31 Überbackenes Sommergemüse

32/33 Petersilienpolenta

34/35 Knödel mit Pilzsauce

36/37 Fischfilet in Folie

38/39 Fisch-Broccoli-Auflauf
40/41 Rosmarinhendl
42/43 Puten-Chili
44/45 Rindfleischeintopf
46/47 Gefüllte Paprika
48/49 Kalbsragout

Nachspeisen

50/51 Heidelbeerschmarren
52/53 Fliegende Himbeermuffins
54/55 Holunderbeerencreme
56/57 Marillenauflauf
58/59 Früchtepudding
60/61 Dinkelpalatschinken mit Zwetschkenfülle
62/63 Zwetschkenknödel
64/65 Nusskipferln
66/67 Mohntorte
68/69 Kärntner Reindling

70–75 Meine Rezepte